Chinese New Year

Spring Festival

Here is my **hat.**

Here are my **gifts.**

中國銀行(香港)有限公司
1000
福

Here are the **lanterns.**

Here are the **red knots.**

Here are the **fish.**

福
福

Here is my family.

Here are the **dumplings.**

dumplings

fish

gifts

hat

lanterns

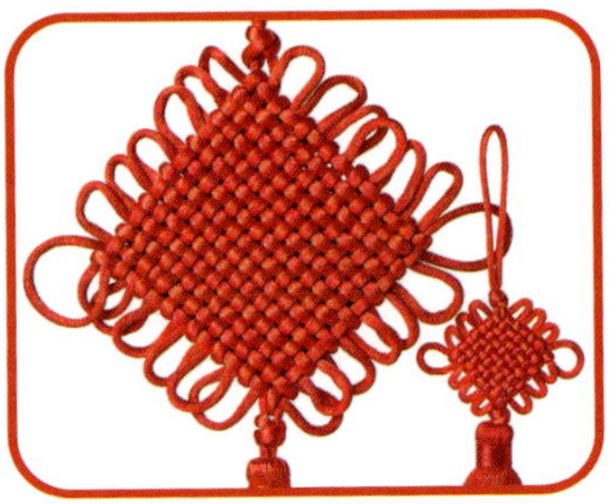

red knots